ヴィクトリア時代の衣装と暮らし

Victorian Costume and Life

石井理恵子／村上リコ

はじめに

今まで英国の制服や衣装に興味を持って接し、何冊か本を作ってきましたが、どちらかというと男性が着るものに注目し、焦点を当てていました。そこで今回女性の服装に目を向けてみると、興味深いのはヴィクトリア時代のドレスたちです。ヴィクトリア時代というと、英国を代表する作家のひとりで『クリスマス・キャロル』や『オリバー・ツイスト』などで知られるディケンズの小説の舞台となる時代。彼の作品や同時代の文学、また『シャーロック・ホームズ』シリーズなどの映像作品で見られる世界といえばわかりやすいでしょうか。産業、文化、芸術が盛り上がった19世紀、貴族や裕福なレディたちの美しいドレスは、輝きを放っていました。

……といってもわたしの場合、最初は漠然と映画に登場するドレスの華やかさや愛らしさに惹かれましたが、中・上流階級の美しいドレス以外の、あまりスポットの当たらない労働者たちの素朴な服装にも魅力を感じるようになりました。ヴィクトリアン・ファッションに関する文献や書籍はたくさんありますが、当時の写真事情もあり、カラー・ビジュアルで見られる本は意外と少なかったのです。そのため、それを自分で作ってみたいという気持ちになっていきました。

英国にはヴィクトリア時代の暮らしを再現している場所がいくつもあり、実際にヴィクトリアン・ファッションに身を包んでいる人たちと接することができます。平たくいってしまえば、ヴィクトリア時代の再現テーマパークです。本書では2013年、2014年に訪れた場所からいくつかをピックアップして、ヴィクトリア時代のさまざまな階級の人たちのファッションを各施設のご協力をいただいて撮影して回りました。その結果、カラフルなヴィクトリアン・ファッション（博物館収蔵の貴重なものから、イベント用に作られたレプリカまでさまざま）を山盛りでお見せできる本が出来上がりました。

ただ、ヴィクトリアン・ファッションに好奇心はあるものの知識が追いつきません。そこで今回は企画、テーマパークやミュージアム、イベント等の現地取材はわたし・石井理恵子が担当しましたが、ヴィクトリアンの文化や歴史に詳しい翻訳家・著述家の村上リコさんを頼もしい共著者としてお迎えして、そのファッションの背景をわかりやすく解説していただきました。ですので、ヴィクトリアン・ファッション初心者にもアプローチしやすい“見て楽しめるもの”になったのではないかと思います。この本を読んでヴィクトリアン・ファッションや文化についてより深い関心を持つきっかけにしていただければ幸いです。

そしてこの場を借りて撮影、イラスト、編集等でご協力いただいたトム宮川コールトンさん、横山明美さん、松本里美さん、ユウコ・ペリーさん、高山順子さん、大野智子さんに感謝いたします。

石井理恵子

Contents

Columns

ヴィクトリア時代の社会と服装

　この本で紹介するのは「ヴィクトリアン」、英国のヴィクトリア女王時代（1837～1901）の服装です。18世紀の終わりにいち早く産業革命を経験した英国は、「世界の工場」としてめざましい経済発展を遂げます。最新の技術で商品を大量生産し、鉄道や郵便で素早くどこへでも届けられるようになりました。通信技術や海上交通も発達し、世界中の植民地と交易して利益を上げました。大多数の国民の生活水準が上がり、人口は増加し、社会の構造も変わっていきます。ヴィクトリア時代の英国は、世界一豊かな国でした。

　19世紀当時の英国社会の構造は3つの階級で捉えるのが一般的です。豊かになったとはいえ、収入には大きな差があり、服装にも違いが表れました。

ヴィクトリアン・ファッション関連年表

1837 ヴィクトリア女王即位
1839 ダゲールによる写真発明
1840 1ペニー定額郵便制度開始
1840 ヴィクトリア女王とアルバート、結婚／**白いウェディングドレスの流行**
電報サービス開始
1840年代 鉄道敷設ブーム
1846 **セーラー服を着た王太子の絵画が発表され、子ども服として流行**
1849 **アメリカのブルーマー夫人がズボン型の女性服を紹介し議論を呼ぶ**
1851 第1回ロンドン万博博覧会
1851 **シンガーのミシンが売り出される**
1852 **世界初の百貨店とされるボン・マルシェがパリで創業**
1854 クリミア戦争（～1856）
ナイチンゲールによる看護改革
1856 **クリノリン[*1]の流行**
1857 インド大反乱（セポイの反乱）
1860年代 **合成染料普及により濃い紫や青のドレスが流行**
1861 ヴィクトリアの夫アルバート死去
女王は生涯喪服を身に着ける
1863 ロンドンに世界初の地下鉄開通
1869 スエズ運河開通
1870 初等教育法により労働者階級の児童にも教育の門戸が開かれる
既婚女性財産法
1870年代 **バッスル[*2]の流行①**
1879 白熱電球の実用化
1879 ロンドンに電話交換局開業
1880 第1次ボーア戦争（～1881）
1880年代 **バッスルの流行②**
1881 **合理服協会設立**
1885 ナイツブリッジで日本展／**日本文化ブームのきっかけに**
1887 ヴィクトリア女王即位50周年記念式典（ゴールデン・ジュビリー）
1888 5人の娼婦が惨殺される「切り裂きジャック事件」
1890年代 サイクリングブーム／**自転車に乗る女性にズボン型の衣服が流行**
1895 リュミエール兄弟の映画上映
1897 ヴィクトリア女王即位60周年記念式典（ダイヤモンド・ジュビリー）
1901 ヴィクトリア女王死去

＊1 詳しくは79ページへ。／＊2 詳しくは80ページへ。

上流階級

［アッパークラス］

身分の高い令嬢が社交界にデビューするとき、ヴィクトリア女王に拝謁するためのドレス。髪にはダチョウの羽根を立て、花を持ち、後ろの裾は長くなっています。

上流階級の習慣、キツネ狩りの伝統的な衣装。格式の高い赤いジャケットは「ピンク」と呼ばれます。白いひざ下丈のズボン（ブリーチズ）に茶色と黒の2色のブーツ。

貴族と地主。莫大な土地と財産を持ち、原則として地代や金利などの不労所得で暮らす人々です。

上流階級の人々は労働はせずに、世のため人のための無報酬の仕事に従事しました。たとえば男性なら貴族院での政治活動、女性なら貧民や病人救済の慈善です。同じ階級の仲間で構成された社交界で、パーティーを開いてはお互いをもてなしました。狩猟着に乗馬着に散歩着に舞踏用ドレス、昼用礼装フロック・コートに夜用礼装燕尾服など、あらゆる社交の場に合わせてふさわしい高価な服を仕立てます。すなわち上流階級の服装の特徴は、暗号のように細かく規定されたドレスコードにしたがって、頻繁に着替えることにあったといえるかもしれません。

中流階級

［ミドルクラス］

ひざ丈のフロック・コートに長ズボン（トラウザーズ）、手袋、トップ・ハット、ステッキ。ヴィクトリア時代後期に中・上流階級の男性が街で着ていた昼用礼装のひとつです。

1880年代の午後のドレス。袖とスカートは長く、襟は高く、肌はなるべく隠します。昼間の日常着は、中流以上なら、素材や仕立てのほかに階級の差はあまり見られません。

上はビジネスで巨万の富を築き、上流の仲間入りを狙う資産家から、将校や聖職者、弁護士や医者などの専門職、個人営業の商店主、下限はつつましい教員や事務員まで。中流に分類される人の内訳には大きな幅がありました。

中流階級の人々は、仕事にふさわしいスーツをきっちりと着こなし、また上流の生活に憧れて、予算とモラルの許す範囲内で真似ようとしました。女性たちは上品な訪問着で友人宅のアフタヌーン・ティーをはしごし、襟のあいたイヴニング・ドレスで晩餐会や訪問会を開きます。しかし、着飾ってオペラやコンサートには行ったかもしれませんが、貴族の習慣であるキツネ狩りや王宮での催しまでは、多くの人には手が届かなかったことでしょう。

労働者階級

［ワーキングクラス］

1870年代後半、ロンドンの路上で物売りをしていた女性の服装。質素なスカートにショール。当時の女性は、貧しくとも長いスカートをはき、髪はあげていました。

下町をぶらつく男性。くたびれたジャケット、首には派手なスカーフ。クロース・キャップ、またはフラット・キャップという帽子は19世紀末～20世紀初頭に労働者階級男性の代名詞になりました。

　肉体労働で収入を得る人たち。炭鉱や工場、農場に雇われた労働者のほか、メイドなどの家事使用人も含まれます。

　労働者階級の人々の収入は少なく、さらに衣服にかけられるお金が減ります。労働着として、それぞれの仕事に必要なエプロンや帽子を着け、汚れの目立たない色の安い布地を選んで手作りしました。男性たちはスーツを着ていても、中古で安く手に入れたためにサイズが合わなかったり、襟が糊付けされていなかったり、修繕を繰り返してくたびれていたりしました。安価な既製服が出回るようになると、身だしなみを整えた上層の労働者と、ぎりぎりの収入で暮らす中流紳士の服装に、はっきりした差はなくなっていきました。

ENGINEER & EXPERT.
TEA

第1章

街と村の人々の衣装

Town and Country

Blists Hill Victorian Town
ブリスツ・ヒル・ヴィクトリアン・タウン

ヴィクトリア時代の街がよみがえる

　ヴィクトリア時代のひとつの街を再現した屋外ミュージアムです。当時の様子を再現したお店やさまざまな作業所、コテージなどがあり、各所にヴィクトリア時代の服装をした住民がいます。当時の労働者の働く姿がわかり、実際に暮らしぶりに触れることができます。また、かつて鉄工業で栄えたアイアンブリッジ渓谷にあり、このミュージアムを含む地域全体が産業革命の歴史を伝える世界遺産になっています。

Wellington Journal & Shrewsbury News.
Read by a quarter of a Million.
500 Situations Vacant and Wanted.
Advertised every Saturday.
Advertise in the Journal
"I did and I'm Suited!" says Mary.

THE NEW INN
BANKS'S

THE NEW INN
AGENTS FOR
BANKS'S
FAMOUS
ALES
LICENSED BREWER
WOLVERHAMPTON
CANAL ST
THE NEW INN
&
BANKS'S
FAMOUS ALES WINES & SPIRITS
BANKS'S FINE ALES

写真館

Photographer

街の写真館の室内。当時の写真技師は主に男性の職業でしたが、少数の女性もこの職に就いていたとか。この写真館で使われているのも19世紀のカメラです。ただ、この女性が室内で仕事に必要のない帽子を被っていたのは、観光客向けのスタイルのようです。

＊各スポットの名称はブリスツ・ヒル・ヴィクトリアン・タウンのウェブサイトを参照しています。

雑貨屋兼食料品店

Grocers

棚には缶詰や瓶詰がずらりと並び、カウンターにはクラシックな計量秤やレジスターが置かれた店内。首元までしっかりボタン留めした長袖ブラウスに、ロングスカート、白いエプロンを着用した女性が出迎えてくれます。

服地屋兼洋品店
General Drapers and Outfitters

　洋服の仕立てから帽子や手袋、レース襟などの販売もするお店。ここの女主人は、白のブラウスと黒いベスト、スカートと色こそ地味ですが、袖口や襟元のデザインが凝っています。胸元のブローチの中心は、服喪の際に重宝された黒玉《こくぎょく》（ジェット）と呼ばれる宝石です。

黒い宝石のジェットは、ヴィクトリア女王が夫であるアルバート公の死により、喪に服したときに着けたことで有名になりました。

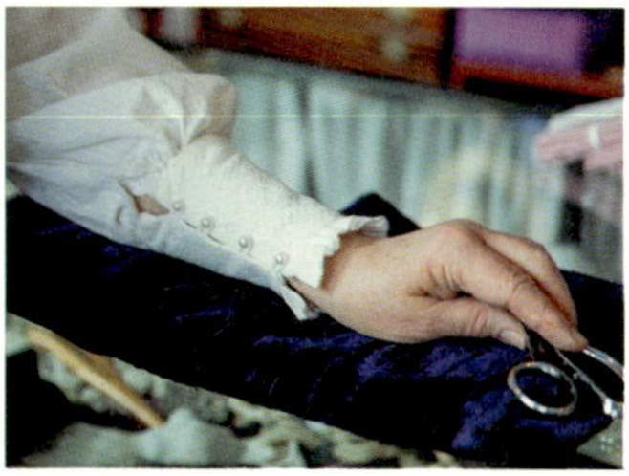

店内にはヴィクトリア時代の発明品であるミシンがあり、これで縫い物もしています。

女性なら思わず手に取ってみたくなる、
可愛いアイテムがディスプレイされた店内。

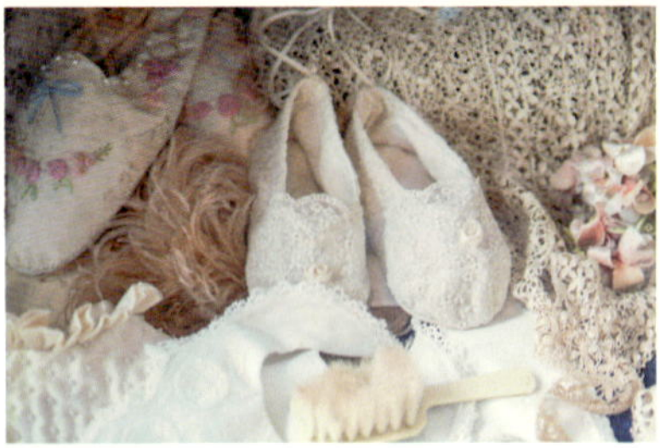

子ども服から大人のドレスまで扱っています。

手刺繍の施されたハンカチも
美しくディスプレイ。

華やかな帽子と、レースをあしらったブラウス。
19世紀後半からこのようなハイネックが一般的になりました。

ヴィクトリア時代の可愛いレプリカの帽子の一部は、意外とお手ごろ価格で購入できるのです。

店の外観。水色のペインティングが
目を惹きつけます。

印刷屋

Printing Shop

活版印刷の作業をしている人たちは、きちんとタイやスカーフをしています。さすがにジャケットを着ての作業はしにくいので、ベスト（英国英語でいうとウエストコート）を着用、インクがつくのを防ぐための黒い腕カバーは必須アイテムといえるでしょう。

ヴィクトリア時代のたいていの街には印刷屋があり、ポスターや貼り紙、広告やチケットなどを刷っていました。

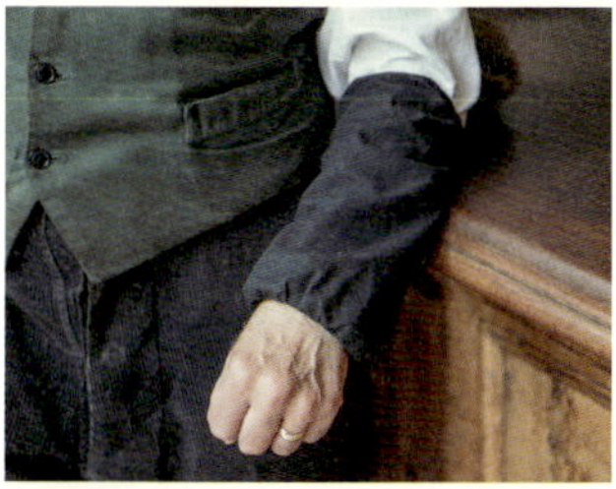

洋品店の広告をプリントした紙袋。

インクの香りが漂う印刷所では、味わいのある書体が魅力の活版印刷によるカードが販売されています。

お菓子屋

Sweet Shop

色とりどりのキャンディーが入った瓶が並ぶ、目にも楽しいお菓子屋。対面販売をしています。店員は小花柄のブラウスにベージュのスカート、そしてたっぷり丈のあるエプロン姿です。優しい笑顔でお客さんを迎えてくれます。

量り売りのお菓子は、ブリスツ・ヒルにやってきた観光客も買えます。
このディスプレイを見たら、食べてみたくなります。

ヴィクトリア時代の女性店員でこのくらいの髪の長さであれば、シニヨンにまとめるのが正しい姿なのですが、この施設内には現代風の髪型の人もいます。ボランティアで働く施設のスタッフもいるようです。

パン屋

Bakery

すっきりとした店内に立つ、パン屋の女性。真っ白い帽子、白のブラウスと胸当て付きの白いエプロンを身に着けた姿は清潔感に溢れています。ウッディな店内のしつらえや、キツネ色に焼けたパンとのコントラストがいい感じに調和しています。

店の奥では実際にパンが焼かれていて、いい匂いが漂ってきます。

フィッシュ＆チップス屋

Fried Fish Dealers

ブリスツ・ヒルでも人気のお店。ヴィクトリア時代のレシピで作っているそうで、店内には食欲を刺激する揚げ物の匂いが漂っています。水色のブラウス、青いロングスカートに、胸当てのある白いエプロンを着用。まとめ髪の上に、白い帽子も被っています。

パブ
Public House

19世紀の伝統的なスタイルのパブ。シャツにベストといったバーマンの服装は、現在と照らし合わせてもそれほど珍しくありません。ロンドンの街角にあるトラディショナルなタイプのパブでは、今でもこんなバーマンを見かけることがあります。

おいしい樽生ビールが飲めます。

鍛冶屋

Blacksmith

ブリスツ・ヒルでは、産業革命時代の鉄工業を再現することに力を入れていますが、ここはどちらかというと昔ながらの、どんな村にもあった鍛冶屋。生活に密着した馬具や鎖などを手作りしています。彼らに特に決まった作業着はなく、動きやすい格好をしています。

古風な「鍛冶屋」の看板。もちろん、職人の手作り。文字が読めなくても、どんな仕事かわかります。

長髪がお似合いですが、ヴィクトリア時代にはこのようなスタイルの労働者はいなかったかも。

石膏細工屋

Decorative Plasterer

壁のデコレーションなどに使われる石膏製品を作る石膏職人は、白いシャツに白いエプロン、その上にベストを着ています。印刷屋と違って、作業のときは白い粉が舞うので、白っぽい服装のほうが、汚れが目立たないためだと思われます。

鋳鉄工房

Iron Foundry

凝った細工の鋳鉄製品は、当時の建築物の門扉をはじめとした各所の装飾に使われたり、高いニーズがありました。危険な作業の場なのに職人は慣れたものなのか、炉前防護服などは着ずに、シャツにズボンというごくシンプルな服装です。

鉄を溶かし、型に取るという作業をする工房。火花が飛び、高熱で溶かした鉄を扱う割に軽装。

ろうそく工房
Candle Factory

部屋の灯りをろうそくに頼っていたヴィクトリア時代に、暮らしの必需品を作っていたろうそく屋。服装に決まりごとはなかったようですが、石膏屋と同じく、首元にスカーフ、ベストの下にエプロン、そして帽子を着用しています。

工房の建物は、19世紀の地元のレンガを使って建てられています。

天井からろうそくをつるすのは
ネズミにかじられるのを防ぐためとか。

ろうそくは灯芯を油脂に何度もひたして
乾かすことを繰り返して作られます。

警察官
Policeman

村を見回る警察官。立て襟に前ボタンの上着、紋章の入ったヘルメットを被っています。季節によってはこの上にマントを着たりもします。制服の下には、もちろん手錠や警笛も携帯。平和に見えるこの村に“事件”は起こるのでしょうか。

上着の上にマントを羽織ることも。

左上：1860年代に導入されたヘルメット。それ以前はトップハットをかぶっていました。
右上・左下：警察官は、当時の手錠や警笛を携帯しています。

泥棒との捕り物シーン（役者による芝居）に遭遇することもあります。

薬局

Chemist

ヴィクトリア時代の貧しい庶民は医者のかわりに薬剤師を頼りにしていました。当時の薬局では女性も働いていたそうです。髪をシニヨンにまとめ、首元まできちんとボタンを留めたブラウス、足元までの長いエプロンをしています。

薬局の一角には、このような歯科医の治療スペースがあります。

ここでは、切手やはがきを買うこともできます。おしゃれなレターセットもありました。

郵便局
Post Office

郵便局には男女の職員がいます。男性はジャケット、女性はブラウスとロングスカートを着用しています。ヴィクトリア時代にも、郵便配達人には制服があったようですが、この郵便局の内勤には特に制服はありませんでした。

銀行

Bank

19世紀の銀行員は、下層中流階級に属する、まがりなりにも紳士の一員。ダークカラーのテールのないジャケット、ズボン（トラウザーズ）、山高帽（ボウラー・ハット）、ネクタイという事務職らしい装いです。

銀行の出納口や2階に続く階段には、この時代ならではの凝ったおしゃれなアイアンワークが見られます。

19世紀の終わりごろには、男性のボウラー・ハットはかなりポピュラーなものになっていました。仕事中は当然脱ぎます。

移動遊園地

Victorian Fairground

ヨーロッパでは、いまも見かける移動遊園地。回転木馬に回転ブランコ、的当てなどのゲームが楽しめる施設は、ヴィクトリア時代にもありました。お客さんを乗り物に案内する女性たちは帽子を被っています。帽子の飾りに個性がありとてもチャーミング。

ピンボールのようなゲームもあり、高得点で賞品がもらえます。各ゲームには担当のスタッフがついており、服装も様々です。

ココナツ落としのブース。
移動遊園地やお祭りでは定番のゲームでした。

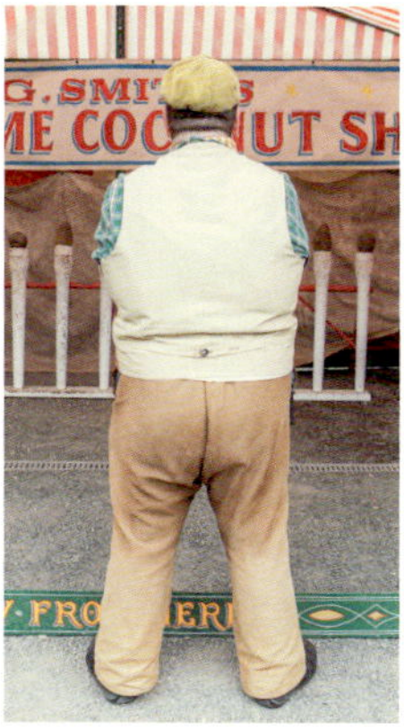

帽子には、小さなリボンが
いくつもついています。

ヴィクトリア時代の生活　1

田園地帯のコテージ暮らし

100年以上前の建物を移築

ブリスツ・ヒルには、都会から離れた鉱業や農業地帯の人々が暮らしていた住居（コテージ）がいくつも移設されています。たいていの場合は小さなキッチンと倉庫と、寝室がひとつかふたつしかないような小さなコテージで、貧しく質素な生活を送っていました。ひとつのベッドに、何人もの子どもが一緒に寝るという状況が当たり前だったのです。

現代の日本では、蛇口をひねれば水やお湯の出る生活が当たり前のようになっています。けれど、ほんの100年と少し前には、世界一豊かであったはずの英国でも、それはごく一部の裕福な人たちだけのものでした。とりわけへんぴな田園地帯であれば、雨水を集めて使ったり、遠くの井戸まで汲みに行ったりする必要があったのです。

道路の通行料をとる「トール・ハウス」のコテージ。青と白の食器が飾られたキッチン兼ダイニング兼居間です。

トール・ハウスにあった石炭を燃やす鋳鉄製のレンジ。調理と暖房を兼ね、さらに左側にはアイロンも乗せてあたためています。

サザランド公爵所有のコテージ客間。同じコテージという名の建物でも、ここは庶民の家ではなく、下層中流階級の外科医の待合室という設定です。そのため、ガイドの女性も、やや上品な服装をしています。

オーナーは貴族や地主

当時の地方社会の頂点にいたのは、多くの場合、貴族や地主（ジェントリー）たちでした。彼らは自分の土地を農地や牧草地として貸し、地代を受け取って裕福な生活を送っていました。彼らからまとまった土地を借り、農場を運営する人びとがいる一方、さらにその下の賃金で雇われて働く労働者は「コテージ住み（コテージャー）」と呼ばれました。このコテージも地主の所有で、家賃が徴収されます。

領民は領主の土地に住み、彼らの土地を耕し放牧し、賃金をもらい、家賃を払う。かわりに領主一家は貧民の医療や教育を援助し、老朽化したコテージは修復し、子どもの仕事を世話する。それが、当時の田園共同体の理想の姿でした。

賃金を安く抑える代わりに家賃や医療費を無料にするなど寛大な領主がいた一方で、毎年のように地代を値上げしたり、留守がちで地元をかえりみないような領主もいました。領主の性質で、庶民の生活は左右されたといえるでしょう。

洗濯日

庶民の家では、週に一度の「洗濯日」に一日かけて家族じゅうの洗濯をしました。ブリキ製の桶に洗濯ものと水と石けんを入れ、木の棒でこすりつけるようにかきまぜて洗います。桶には溝がついていて、洗濯板と同じ効果があったようです。

裏の物置に洗濯おけや掃除の道具、
水汲み用のバケツなどが置かれています。

住人役の女性が、桶と棒で洗濯し、
木製の洗濯ばさみでひもに干すと
ころまで実演してくれます。

1820～40年代に建てられた石造りのコテージ。

ブリキの風呂桶。水と燃料を使って沸かすお風呂は貴重なものだったのでしょう。

コテージの屋外便所。トイレットペーパーのかわりに、古紙をちょうどいい大きさに切って、穴をあけてひもを通し、壁につるしていました。

トイレとお風呂

トイレは離れの小屋にあり、もちろん水洗はまだ少なく、土砂散布式でした。箱型の木の椅子の中にはバケツが入っていて、用を足したあとには土や灰をかけて臭いをふせぐしかけになっています。排泄物は定期的に取り出し、畑の肥やしにしました。

大金持ちの家の中には、メイドに湯を運ばせ、毎日や朝晩お風呂に入る人もいましたが、庶民には週一回がせいぜいでした。写真のようなブリキの風呂桶を居間やキッチンの火の前に置き、レンジで沸かした湯を入れて、家族で順番に入りました。湯船は子どもにだけ使わせ、大人たちは身体をふくだけですませていたという証言もあります。

Beamish
ビーミッシュ

3つの時代にまたがるテーマパーク

ビーミッシュでは、120ヘクタール（ちなみに、東京ドームは4.7ヘクタールです）という広大な敷地にジョージ王朝時代、ヴィクトリア時代、エドワード七世時代の人々の農場や街、炭鉱での暮らしを再現しています。ヴィクトリアン・スタイルが見られるのはおもに農場の部分です。

F. SAVAGE
ENGINEER
KINGS LYNN

Beamish Accessible Motor Service
BEAMISH TRAMWAYS

農場
Farm

　農場では、実際に牛や豚を飼育しています。農家の人たちはとても素朴な服装ではありますが、機能的な現代の農作業着より魅力的な気がします。実際には作業しづらいかも知れませんが、当時の農家の女性はロングスカートにエプロン姿でした。

＊2015年から、この場所は1940年代のものに改装されています。

左：高めのウェストにサスペンダー。短い立て襟のシャツに、ベストを着崩しています。労働者男性の基本スタイルです。
右：女性は、髪をまとめる帽子とエプロンが定番。小物入れ代わりの袋が可愛い。

移動遊園地
Fairground

ここに設置されているのは、色鮮やかなメリー・ゴー・ラウンド（ビーミッシュではギャロップ・アンド・ライドと呼ばれています）のみ。チケット売りもし、動かしてもくれるのは、帽子にベスト、腕まくりをしたシャツ姿のお兄さんたちです。

これはヴィクトリア時代に作られた本物で、馬は手彫りで表情豊か。馬だけでなく、屋根や天井まで華やかに彩られ、パンチカードで鳴る自動オルガンからノスタルジックな音が響きます。

このメリー・ゴー・ラウンドはノーフォークの業者サヴェージ社により1893年に作られたもの。当時と同じく蒸気で動きます。

車両倉庫の整備員

Pockerley waggonway great shed

英国の19世紀を象徴するもののひとつが蒸気機関車で、ヴィクトリア時代にはいるまえから鉄道が利用されていました。人々の交通手段というだけでなく、石炭運搬用としても重要なものでした。一部ですが、敷地内には鉄道が敷かれ、もちろん機関車の整備員もいて日々作業をしています。整備員の着ているシャツやズボンもすすまみれですが、作業が大好きなようで表情はにこやかです。

領主館と農場
Pockerley Old Hall

ジョージアン・エリアにある領主館は、1720年ごろに建てられたものです。当時の農場の様子がわかります。ここでは折々の暮らしのデモンストレーションが行われていて、この日はお菓子を焼いていました。お菓子の名前はデッドマンズケーキ。なんとお葬式のときに出されるケーキでした。

印刷屋
The Printer

ヴィクトリア時代よりも、さらにニーズの高まってきた印刷業。印刷機には豪華な装飾がついています。ここでは印刷のデモンストレーションが行われています。インクで汚れるので白いシャツの袖は腕まくり。ちなみに印刷屋を再現している建物の外観は、かつての地元の新聞社です。

歯科
Dental clinic

この女性は歯科医の助手のようです。清潔感のある服装をしています。医療器具がなければ、おしゃれなインテリアや家具が揃ったお部屋という感じです。歯科医は19世紀に中流階級としての地位を確立しました。紳士の家にふさわしく、奥に見えるアールデコ調の棚や鏡、ガラスの花瓶などが飾られていたのでしょう。

生活協同組合ストア
Co-op

レトロなパッケージの食品や生活雑貨が並んでいます。異物混入が蔓延していた19世紀の英国で、労働者が出資金を出し合って安全な商品を共同購入したのが協同組合の始まり。ここでは女性店員ですが、同時代の記録写真では、白っぽい揃いの上着とエプロンを身につけた男性従業員の姿もありました。

ビーミッシュの舞台裏 1

敷地内の移動には
実際に使われていた乗り物で

ビーミッシュは徒歩でめぐることも可能ではありますが、その広い敷地内のおもな移動手段として、2階建てバス（ダブルデッカー）や路面電車（トラム）があります。現在ではガソリンや電気で動いていますが、どちらも、19世紀の昔には馬が引いていました。

1820年代に生まれた乗合馬車（オムニバス）がやがて略して「バス」となり、旅客用馬車鉄道（ホーストラム）から馬（ホース）が消えて「トラム」が残ったわけです。乗合馬車やバスは、決まった路線はありますが原則として自由に走り、トラムは道路上に引かれた軌道を走る、という違いがあります。

ビーミッシュには20世紀初頭の建物が多く、同時代に活躍したトラムやバスは風景に溶け込んでいます。

敷地内を走っているトラムは実際に使われていたものを修復して利用、バスはレプリカだということです。運転士や車掌の制服も当時のものを再現しています。

車掌はかつて男性の仕事でしたが
第一次大戦を期に女性も進出しました。

男性運転士の服装。
暑いと上着を脱ぐことも。

思わず乗ってみたくなる魅力的なデザイン。

ビーミッシュの舞台裏❷

ビーミッシュを支える
衣装部の仕事

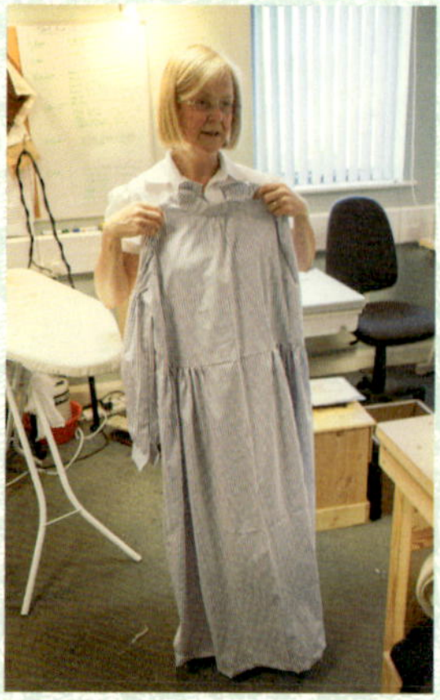

ビーミッシュのガイドやショップスタッフ、農場で働く人たち、運営のためのオフィスワークのほかにも大切な役割を果たす人たちがいます。それは、ビーミッシュにいる3つの時代の人たちの衣装を製作しているスタッフです。敷地の一角にひっそりと立つ建物（これは“現代”の）には、衣装製作のアトリエがあります。衣装は、それぞれの時代の写真や型

反物から衣装を制作します。

日課となっている衣装のアイロンがけ。

製作だけでなく、衣装部の大事な仕事のなかにはクリーニングや補修といった手入れも日常作業として組み込まれています。

紙を探したり、19～20世紀の型紙を組み合わせたりして工夫して作り出します。とはいえ、さすがに生地はエドワード七世時代やヴィクトリア時代のものを集めることは困難なため、現代のウールやコットンなどを使うのですが、デッドストックを生地屋などから寄付してもらうこともあるそうです。最新、新品の生地より、そのほうが味が出ている気がします。

このいわゆる「衣装部」には、衣装製作の資料や生地、ワードローブも大量にストックしてあります。時代に合わせた労働着のほかにも、通行人の女性や子どもの服もありますし、変わったところではイベント用の衣装もあります。それらは、たとえばクリスマスのサンタクロースの衣装だったり、メイデイ（日本では労働者の日というイメージが強いかも知れま

季節やイベントに合わせた大量の衣装がストックされています。

せんが、夏の訪れを祝う日です）のお祭り衣装など。どれもひとつひとつ手作りされているのです。ちなみに靴だけは、時代に合わせたものではないのだと、スタッフが教えてくれました。女性はロングスカートをはいているので見えませんが、

じつは男女ともに履いているのは、ほとんどがつま先に鉄板の入った安全靴。これは、勤務中に事故がないよう、安全を期しての対策だそう。

歴史的に貴重な英国の土地や建物の保護・管理をする組織、たとえばナショナル・トラストやイングリッシュ・ヘリテージ、そして先に紹介したブリスツ・ヒルではさまざまなボランティアの人たちが働いていますが、ビーミッシュではすべてのスタッフが雇用されています。これは地域にとって、より雇用の幅が広がり、失業者を減らす意味でも大事だということでした。

第2章

お屋敷の使用人たちの衣装

Country House Servants

Shugborough
シャグバラ

伯爵家の使用人の様子がわかる

ここは17世紀からアンソン家、そしてその子孫が爵位を得て、リッチフィールド伯爵家となり代々暮らしてきた場所。現在農場や邸宅、領地はナショナル・トラストが所有し、州の管理下にあり、市民や観光客が楽しめるアトラクションになっています。その中のヴィクトリア時代の使用人の様子や当時の衣装・生活道具を展示している施設*を紹介します。

*使用人区画と地域博物館（Servants' Quarters and County Museum）と呼ばれる施設には、使用人の生活を再現したさまざまな部屋のほかに学校やショップもあります。

Shugborough
Stoneground Wholemeal Flour
milled at Shugborough
Historic Estate
1.5kg Best Before
Store in a cool dry place

台所
Kitchen
［屋敷の使用人区画］

女性料理人たちは、コットン製のピンストライプ柄の上下に胸当てつきのエプロン姿です。この格好は1890〜1910年に実際、ここで着られていたもののレプリカらしく、マンチェスターのアート・ギャラリーにオリジナルが収蔵されており、アーカイヴ画像もあります＊。

＊P77の右上の画像参照。

上：直火であぶったトースト。
下：洗った皿を差し込んで干しておく皿棚。

木製のレモン絞り器。実演に使うこうした調理器具は、地域博物館の集めた収蔵品です。

キッチンの全景。奥には黒々とした調理用レンジ、その右にある、たて長で上部の丸くなった、黒い鉄製の器具は、肉を吊るして火の前に置いておく回転式ロースター。そして、手前に写る、引き出しのついた木製の大きな台の上で調理をおこないます。

8人分のディナーのメニューが書かれたボード。料理人がこのように料理を考えて、奥様と面会してボードを見せ、承認を得ることになっていました。

銅製の型で固めたゼリーは、ヴィクトリア時代にとても人気がありました。

白い木製の冷蔵箱。内側には鉛がひいてあり、氷を入れて生ものの保存やデザートを冷やすのに使いました。上に置いてあるのは、アイスクリームメーカーです。

木炭などによって水をろ過する陶磁器のフィルター。

ヴィクトリア時代後半まで、砂糖はこのような円錐型の大きなかたまりで売られていました。手前の砂糖ばさみで砕き、用途によってはすりばちでひいて使いました。

洗濯室
The Laundry
［屋敷の使用人区画］

　このお屋敷ではランドリーメイドはブルーと白のストライプのワンピースにグレーの胸当てつきエプロンという組み合わせ。洗濯からアイロンがけまでランドリーで行われますが、ランドリーと専属のメイドを持つのは、裕福さの証だったようです。

石炭でアイロンを熱する「タワー型」ランドリー・ストーブ。電気アイロンと違ってすぐに冷めるので、たくさん温めて取り換えながら使いました。

乾いたときに靴下が型崩れするのを防ぐ木型。赤と緑のリボンのついたラベンダーの束は、乾いた洗濯物と一緒にしまって香りをつけるために使います。

19世紀初めの室内帽。ほかの3点の写真の帽子はもう少し新しい、20世紀の形のように見えます。

酪農室

The Dairy

［農場］

伯爵家の領地には農場もあり、家畜もいるので、日々の食事に使う乳製品も自給できるのです。この酪農室では、白いブラウスにストライプのエプロン、刺繍を施した帽子を被っているメイドはバターやチーズを手作りしています。衣装はジョージ王朝時代風。

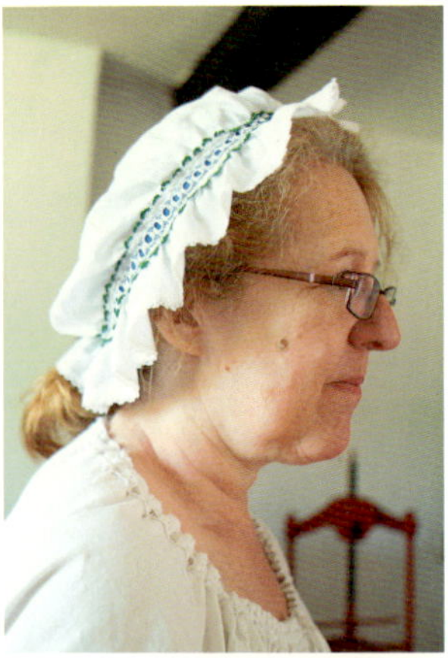

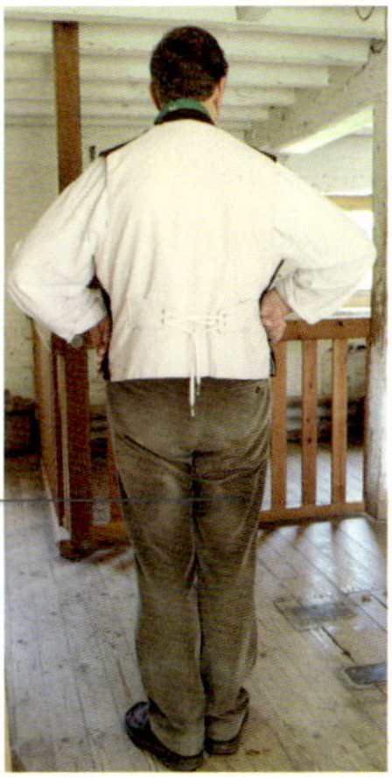

粉ひき場

The Mill

［農場］

敷地内の農場で麦を生産、それを粉にしてパンやお菓子作りに使います。そのための粉ひき場もあり、デモンストレーションをしています。シャグバラの粉ひき職人はシャツにズボン、ウエストを紐で調節できるベストに、緑色のスカーフ姿です。

農場管理人の洗い場

The Farm Bailiff's Scullery

[農場]

農場管理人（ベイリフ）の家の洗い場（スカラリー）。お屋敷の中にあるスカラリーは食器洗いのほか、野菜や肉の下ごしらえなどもする場所ですが、ここの場合は皿を洗うシンクに加えて、レンジなどの調理器具も入れてキッチンのように使っています。

小型のレンジにグリドルと呼ばれる鉄板を置いて生地を落とし、素朴なケーキを焼いています。

彼女は使用人ではなく管理人の妻という設定のようで、普段着と思われる格好をしています。

農場の台所

Farm house Kitchen

［農場］

シャグバラの領地内の自家農場で働いていた労働者たちの食事をまかなっていた台所です。農場はジョージ王朝時代の設定で、当時はまだメイドの制服がなかったこともあり、屋敷内のメイドたちに比べラフなスタイル。帽子はピンで留めず、紐で後ろを締めるタイプ。小さめのスカーフがアクセントに。

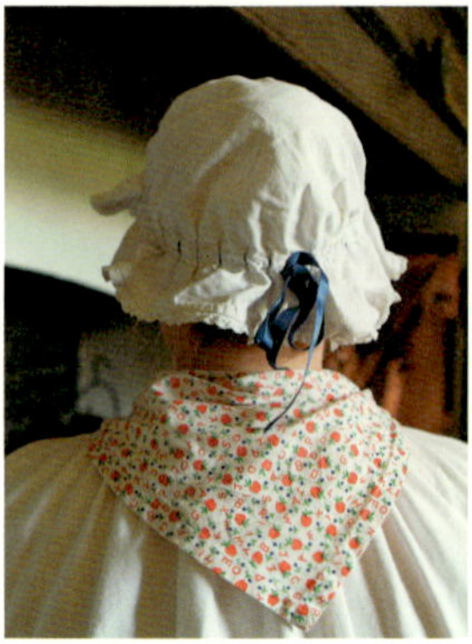

シャグバラの歴史と代々の所有者たち

シャグバラは、農地、菜園、そして1624年からアンソン家がカントリー・ハウスとして暮らしてきた邸宅を含む、今はナショナルトラストが所有（管理運営は州）している土地です。この土地屋敷を地元の弁護士だったウィリアム・アンソンが購入し、そのひ孫・トーマスが相続します。

シャグバラホールと呼ばれる邸宅は、のちに海軍提督にまで上り詰めたトーマスの弟・ジョージの資金提供により、18世紀にヨーロッパの古典様式に影響を受けた素晴らしい装飾に改装されていきました。

世界一周の大航海の際に得た財宝で巨万の富を得たジョージでしたが、出航時1000人いた乗組員が、嵐や疫病により亡くなり帰国時には200人になってしまいました。彼らの乗っていたセンチュリオン号の模型がホールに飾られています。1831年に伯爵の称号を与えられ、アンソン家はリッチフィールド伯爵家になりました。5代目パトリックは王室からロックスター、ハリウッド俳優などの撮影をして有名になったセレブ写真家で、邸宅にはその作品の展示があります。それまでも歴史を再現した豪華なダイニング・ルームや図書室など一部の部屋は見ることができましたが、数年前に6代目伯爵がここを離れてロンドンのみで暮らすようになってからは、伯爵のために執事が使用していたキッチンや衣装部屋なども新たに一般に公開されるようになりました。

この邸宅の脇に建つのが、今はミュージアムとなっている使用人区画。さらに牛や羊を飼う農場や菜園、庭園があり、庭には聖杯伝説と関連があるのではと言われている謎の詩碑や、アンソン提督の航海のお供をした猫たちのために建てられたのではとされる記念碑もあります。ここを訪れた人が休憩できるカフェやレストラン、ショップなどもあるので、ゆっくり滞在して楽しむことができます。

ヴィクトリア時代の生活 2

カントリー・ハウスと使用人

英国のカントリー・ハウス

シャグバラのように、英国の田園地帯に建つ歴史のある大邸宅のことを「カントリー・ハウス」と呼びます。

一説によると、英国のカントリー・ハウスは、1000から2000もあるといわれています。何百年も受け継がれてきた貴族の館から、裕福なビジネスマンが成功のあかしとして新しく建てた豪邸、中世の城を改装したもの、小さな狩猟用別荘まで、建物のタイプはさまざま。貴族や地主にとっての家は、たんなる生活の場ではなく、力と富を周囲に見せつける道具でもありました。

なかには部屋数が数十から百を超える巨大な城館もあります。そうした寝室が紳士淑女の招待客でいっぱいになるハウス・パーティーには、多くの人手が必要です。また、上流階級の人々は、領民に働き口と食事と住居を与え、保護することが、自分たちのように高貴な者の義務であるとも考えていたようです。

シャグバラの「赤の応接間」。
金箔を使ったフランス風の家具とシャンデリアが豪華です。

シャグバラの使用人

19世紀のシャグバラで働いていた家事使用人をおおまかに分類すると、まず屋内で働く使用人と、屋外の使用人に分かれます。

家政婦（ハウスキーパー）は、屋内の女性使用人をまとめるリーダーです。彼女の下には、室内の掃除や洗濯を担当するハウスメイド、洗濯室で働くランドリーメイド、ジャムやピクルスなどの保存食をつくるスティルルーム・メイドがいました。

料理を担当するのは、男性のシェフまたは女性の料理人、キッチンメイドたちです。その下働きに洗い場（スカラリー）メイドがついて、洗いものや下ごしらえをしました。

子どもの世話の担当は、ナース（ナニー）と、その部下の子ども部屋付き（ナーサリー）メイドたち。シャグバラでは、フランス人の女性家庭教師（ガヴァネス）も雇われていました。

執事（バトラー）は男性屋内使用人のリーダーです。ワインと銀器の管理、客への給仕を仕切ります。彼の部下には見目のよいフットマンたちがいました。

従者（ヴァレット）は主人の側について身の回りの世話をし、同様に女主人の美容や髪結い、ドレスの世話をするのは侍女（レディーズ・メイド）です。

屋外使用人に目を移すと、馬車の操縦や馬の世話をする厩舎のスタッフ、狩猟を支える猟場番人、庭師頭と助手の大軍、そのほか大工や馬車修繕などを専門とする職人がおおぜい働いていました。

貴族の館の生活をスムーズに動かしていくためには、このように細分化された多くの使用人の力が必要とされたのです。

給料と生活

シャグバラにおいて、家政婦、執事、シェフ、猟場番人頭、庭師頭は、上級の使用人であり、部署の長としてかなりの権限が与えられていたようです。会計は部署ごとに独立していて、物品の購入や給料の支払いをおこないました。彼らに加えて、従者と侍女とナースも、使用人のなかでは「上級」にあたります。メイドやフットマンは下級使用人です。上級と下級の使用人のあいだには、かなりの給料の差がありました。

19世紀の初めごろ、シャグバラの屋内使用人で一番の高給取りは男性のシェフで、年額は105ポンドでした。執事は73ポンド、家政婦は42ポンド、従者は52ポンド、侍女は25ポンド、フットマンは26ポンド。メイドたちのあいだでは、ランドリーメイドの18ポンドが一番高く、下っぱのキッチンメイドはわずか年5ポンドだけ。

シャグバラの使用人エリアにある執事の部屋。
帳簿をつけ、ガラスや銀器を管理します。

年給の額には男女の別も大きく影響しました。例えば男性の従者と女性の侍女は、同じような仕事内容ながら、報酬にはおよそ2倍の開きがみられます。

使用人の給料は、特に下級のランクでは、当時の労働者として決して多いものではありませんでしたが、裕福な大邸宅で働ければ、給料以外のメリットもいろいろと発生しました。まず、住み込みなので家賃と食費が不要になります。反対に、雇い主一家がロンドンに行って留守のときや、逆に主人について旅行するときは、追加の手当が出ました。洗濯とビール代の手当も別に支給され、また職種によってはさらなる追加収入が見込めます。従者や侍女なら主人たちの服がもらえたり、フットマンなら客から多額のチップがもらえたり。キッチンの下働きでさえも、下ごしらえで発生したウサギの皮を売って小遣いにできました。日常はこうした副収入ですべてまかない、給料はすべて実家への仕送りにまわした人も少なくなかったそうです。

使用人のヒエラルキー

ごく少額の手当の額にさえ、性別と地位の差は反映されていましたが、食事の内容や住む部屋についてもやはり、上級・下級で分けられました。使用人たちの食事は、使用人ホールと呼ばれる食堂兼居間で、順位に従って着席してとります。メインの食事が終わると上級使用人たちは家政婦の居間に引き上げて、彼らだけのデザートを食べました。

お互いをどう呼び合うかには厳しいルールがありました。家政婦は既婚・未婚にかかわらず、敬意をこめて「ミセス」をつけて呼ばれ、執事には常に「ミスター」がつきました。フットマンやメイドは伯爵家の人びとからは下の名前を呼び捨てにされた一方、執事は地位のあかしとして苗字を呼ばれました。

主人一家が、上品なルールとマナーの支配する世界に生きていたとすれば、彼らに仕える使用人たちもまた、主人の世界の階層制度をコピーしていたといえるでしょう。

メイドの制服

「英国のトラディショナルなメイドの服」といったとき、多くの人が想像するのは、黒い服に、ひらひらのついた白いエプロン、カフスや襟、そしてやはりフリルのついたキャップやカチューシャをつけた姿ではないでしょうか。これは掃除を担当するハウスメイドや、中流の家で接客を担当するパーラーメイドなどが、午後に着用していた制服のイメージです。実は、こうした「メイド服」の歴史はそれほど古いものではなく、ヴィクトリア時代後期にさしかかる1860年代ごろから、慣習ができていったものです。

午後の制服として使われたのは、ウールやサージの上等な生地です。これに糊のきいた小さなエプロン、薄手で装飾の多いキャップをつけました。しかし、午前中の制服は、汚れても洗いやすい安価な色付きのコットンに、ドットや小枝などの模様をプリントした生地でつくり、シンプルなエプロンやキャップをつけていました。柄は家によりさまざまで、

1900年代初頭の使用人ホールの食事の様子。地位にしたがって行儀よく着席しています。

黒い制服に、白い帽子とエプロンをつけたメイド。ブライトンの写真館で撮影された名刺判写真で、おそらく1890年代。

1880年代のシャグバラのハウスメイドの制服を正確に再現したもの。

1890～1910年にシャグバラの料理人が着た制服。マンチェスター・アート・ギャラリー収蔵のオリジナル。
image courtesy of ManchesterArt Gallery

シャグバラの場合は、現在のガイドさんたちが着ているように、縦じまの模様が選ばれ、さらには部署ごとに色分けがされていました。キッチンは赤い線（白地なので、遠目にはピンクに見えます）、ランドリーメイドは青、スティルルーム・メイドは緑、ハウスメイドは紫色のストライプの制服を着ていたそうです。家政婦や執事には制服はありませんでした。

メイドになるために

メイドの制服は、多くの場合、職場支給ではありませんでした。職につこうとする女の子は、自分で制服を用意しなければならなかったのです。プリント生地の朝用の制服を何着かと、エプロンとキャップと、黒いドレス。休日用の晴れ着もほしいところですが、娘がメイドになるような一般的な労働者の家ではとてもそんなものを新調する余裕はありません。母や姉がかつて使っていたお古の制服を仕立て直したり、母親があちこち奔走して借金を頼んだり、あるいは学校で教わって自分で縫ったり、最初の制服を用意する苦労は、さまざまな人たちの語る記録に残っています。

小学校を出たら、まずは近所の小さな家や牧師館などに1年くらい勤めて基本的な仕事を覚え、制服を買うお金を貯めてから、大きな「お屋敷」に転職する、というのがメイドたちのたどるお決まりのルートでした。めでたく大邸宅に就職できたのちには、年に一度のクリスマスに、主人から制服用の生地を贈られるというのもひろく行われた慣習でした。

百年前のシャグバラで働いていたメイドたちも、そんなふうにして制服と付き合っていたに違いありません。

「ヴィクトリアン・ファッション」の変遷

ヴィクトリア女王の在位期間は約63年半。この長い治世に、女性たちのドレスはめまぐるしい変化をとげました。20年ごとの代表的なスタイルをイラストで再現してみましょう。

1830～1840年代
か弱きヒロインの時代

1840年ごろの昼間用ドレス。やさしい淡い色、なで肩、細腰を強調する上半身が特徴です。

19世紀初頭には、ロマン主義文学に描かれるような、たおやかな女性像が理想とされていました。スカートにはペチコートを重ねて釣鐘型にボリュームを出し、なで肩と細い腰のラインを強調して、か弱い淑女を演出したのです。

1850～1860年代

クリノリンの全盛

1857年ごろの外出用ドレス。スカートは大きく広げて段をつけ、袖は二重になっています。

1850年代後半、スカートを広げるクリノリンという下着が登場し、大流行します。金属製のフープは軽く、大きく加工できたので、スカートは巨大なドーム状までになります。60年代には前面が平たくなり、円すい型に近づきました。

1870〜1880年代
バッスルの消長

1872年ごろの夜用ドレス。腰のうしろのバッスルと、つまみあげた二重のスカートが特徴。

クリノリンが消え、腰の後ろをふくらませるバッスルが登場します。これは1880年前後に一度すたれ、タイトなシルエットに人気が集まりますが、その後の80年代に、以前にもましてボリュームのあるバッスルが復活しました。

1890年代〜

S字型カーブの世紀末

1896年ごろの夜用ドレス。大きな袖に細い腰、つやのあるサテン素材ですっきりした仕上がり。

バッスルが消え、ドレスのかざりもシンプルになりました。しかし今度は袖が膨らんでいき、1895年ごろ最高潮を迎えます。身体のシルエットは、コルセットで腰を締め上げ、胸を前に、お尻を後ろに突きだした砂時計型でした。

ヴィクトリアン・ファッションを楽しむための

映像作品

ヴィクトリア時代を背景に書かれた英文学の映像作品は数多くあります。本書でご紹介している“ディケンズ・フェスティバル”には小説の登場人物に扮した人が多数参加していますが、原作を読むだけでなく、映像作品を見るとより当時のファッションや風俗、暮らしの様子が感じ取れるのではないでしょうか。

ディケンズ作品は何作も映画化されているだけでなく、監督やキャストや時代設定など、違った形で同じ作品がリメイクされ、映像化されてきました。メジャー作品の『クリスマス・キャロル』『大いなる遺産』『オリバー・ツイスト』はもちろんのこと、ほかにも多数の作品がテレビドラマ化されていて、日本でもDVDで見ることができます。

ディケンズと並ぶ、ヴィクトリア時代の代表的文芸作家がブロンテ姉妹、トーマス・ハーディ。中でもブロンテ姉妹の長女、シャーロットの代表作が『ジェーン・エア』(ジェインとも表記されます)。孤児になったジェーンがお屋敷の家庭教師になり、運命に翻弄されながらも愛を掴む物語。ミア・ワシコウスカとマイケル・ファスベンダー主演の映画版(2011)は、可憐なウェディングドレスも含め、素晴らしい衣装が続々登場。

そしてトーマス・ハーディ。映像化されたものの中でも有名なのはロマン・ポランスキー監督の『テス』(1979)でしょう。アカデミー賞、ゴールデン・グローブ賞等多数の映画賞を受賞。悲劇的な物語ですが、ヒロインのナスターシャ・キンスキーと英国の風景の美しさが見る者を惹きつけます。ちなみにジェマ・アータートンとエディ・レッドメインが共演しているテレビドラマ版(2008)もあります。

またこの時代、ミステリ小説といえば、なんといってもコナン・ドイルの『シャーロック・ホームズ』シリーズ。あまりにも多くのバージョンがありますが、ヴィクトリアンの雰囲気がよく伝わるのはジェレミー・ブレット主演のテレビシリーズ(1984–94)。スチームパンク・テイストの入ったロバート・ダウニーJrとジュード・ロウのコンビによる映画版(2009–)は、ふたりの服の着こなしがスタイリッシュで、帽子の被り方ひとつとっても絵になっています。

古典的ホラー作品『ジキル博士とハイド氏』を、ジュリア・ロバーツ演じるメイドの視点で描き直した『ジキル＆ハイド』(1996)。暗いトーンの映像で、シンプルなメイド服姿のヒロインが印象的です。

本書では女性のドレスに比べ紹介数の少ない男性ファッションについてはスティーヴン・フライ主演の『オスカー・ワイルド』(1997)がおすすめですが残念ながら日本版DVDは未発売です。

さらに、時代の象徴ヴィクトリア女王の恋と半生をエミリー・ブラントが演じた映画『ヴィクトリア女王 世紀の愛』(2009)も見ておきたい作品。アカデミー賞では衣装デザイン賞をはじめ多数の賞を受賞しました。

第3章

ディケンズの時代の人々の衣装

Dickensian People

Rochester Dickens Festival
ロチェスター・ディケンズ・フェスティバル

ディケンズ作品の登場人物が集合

ロチェスターは、少年時代のディケンズがその周辺に暮らした街です。作家として成功したのち、1856年にはこの街の郊外に家を買って、数々の作品を執筆しました。大聖堂や城、古い建物が数多く残るロチェスターでは、年に2回、彼の作品世界の登場人物に扮した人々の集うフェスティバルが行われます。

D. Wetherspoon Free House

ディケンジアン・ドレス&キャラクター

フェスティバルには、ディケンズの作品の登場人物になりきる人と、特に人物を限定せずにヴィクトリア時代の紳士淑女に扮する人、劇団や歌手や楽隊など、いろいろな参加者がいます。まずは小説のキャラクターと、当時のファッションの特徴をとらえた衣装を見ていきましょう。

かばんを持った男性は、ディケンズの長編第一作『ピクウィック・クラブ』の主人公ピクウィック氏。紫の燕尾服を着た男性は『大いなる遺産』のエイベル・マグウィッチに扮しています。マグウィッチはこの年の衣装コンテストのディケンズ・キャラクター部門で優勝しました。

「ロチェスター・ピクウィック・クラブ」という、地元の愛好家集団のメンバー。男性は、同作品にたった一章だけ登場する選挙の立候補者役に扮しているとか。とってもマニアック。

家族連れで仲良く参加する人も多いようです。ケープを着けた旅姿の小さな女の子は『骨董屋』のリトル・ネルでしょうか。

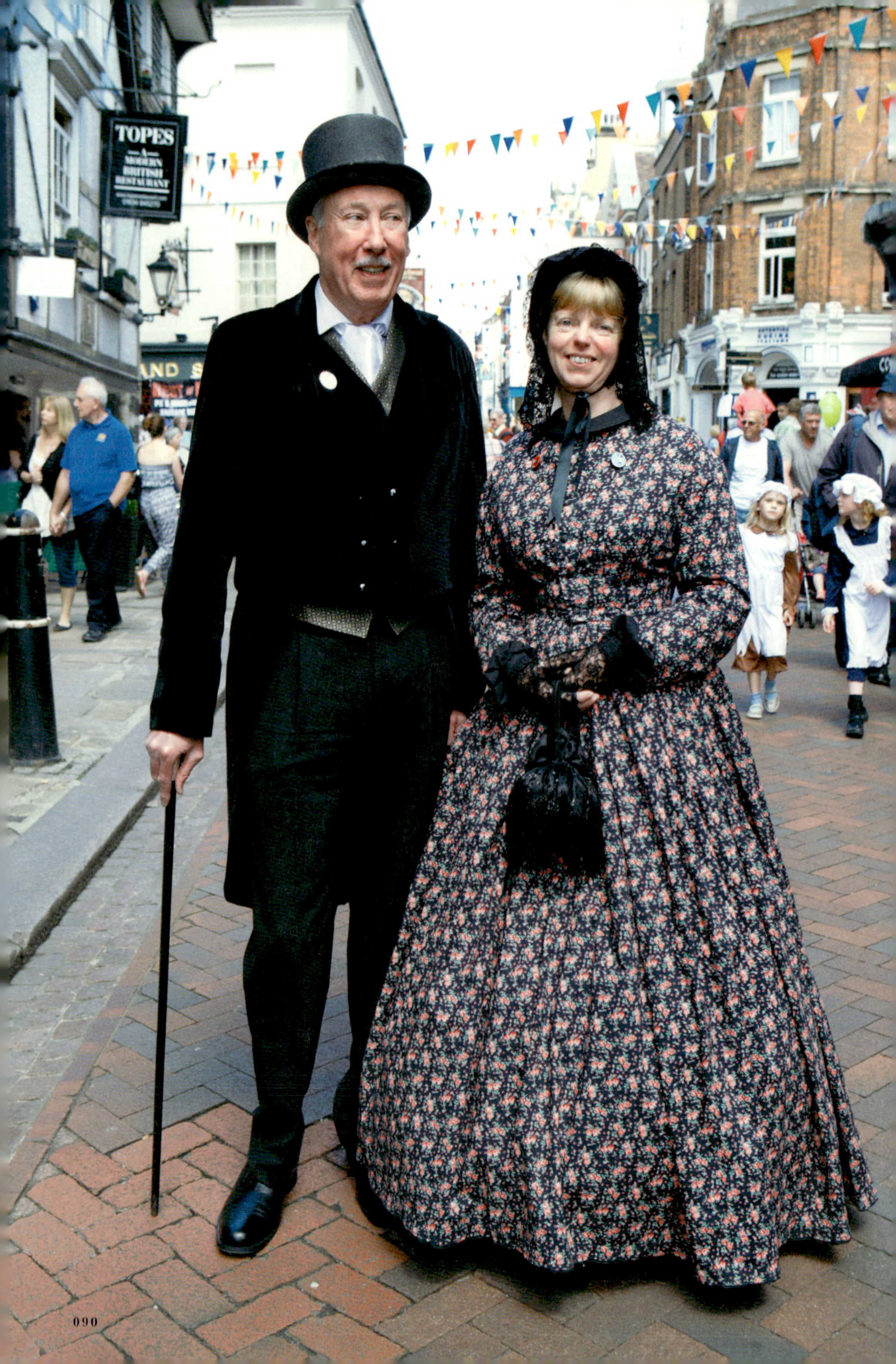
TOPES
A MODERN BRITISH RESTAURANT

残念ながらキャラクターは不明ですが、どうやら何かの「役」になり切っているらしい紳士と、1850年代風のクリノリン・スタイルに身を包んだ女性。ボンネットから垂れて首周りを隠す黒いレースと、指ぬき手袋（ミトン）を同じ素材でそろえているのがお洒落です。

引きひもつきの小さな女性用バッグ。英語ではパース、フランス語でレティキュールといいます。18～19世紀の女性が、ハンカチや着付け薬や香水などの身の回り品を入れ、ポケットや財布の代わりに持ち歩いたものです。

『オリバー・ツイスト』のフェイギンは、こそ泥の親玉で、悪役ながら人気のキャラクター。汚れを加工したコートを着たり、長いひげをつけるなど、それぞれのイメージでキャラクター性を表現しています。

見た目は違いますが、この人もフェイギンです。

三角帽（トリコルヌ）がトレードマークの『オリバー・ツイスト』に登場する悪徳救貧院長バンブル氏。まるで19世紀の挿絵から抜け出てきたかのようです。女性は奥さんになるコーニー夫人かもしれません。

ディケンズ・キャラクター仮装コンテストで入賞した『オリバー・ツイスト』の葬儀屋ミスター・サワビー。

ロチェスター城でおこなわれた仮装コンテストの発表風景。なぜかヴィクトリア女王の姿も……?

トップ・ハットに黒いリボンは当時の葬儀屋のしるし。膝下丈ズボンは古い時代の男性の礼装です。

時代衣装を着た人の中には、俳優やミュージシャンなどのパフォーマーもいます。左のカップルは「プレイ・オン・ワーズ」という劇団。数人で多くの役を兼ねて『デイヴィッド・コパフィールド』を15分に短縮するという出し物をしました。

フェスティバル名物の「点灯夫」。小説の登場人物ではないようですが、ガス灯にはしごをかけてのぼり、道行く人を歌で楽しませています。

ディケンズ作品の可憐なヒロインを思わせるコスチューム。すとんとしたシルエットもボンネットも、ヴィクトリア時代より少し古いスタイルで、1810～20年代風です。

77
79

女の子の持っている木製のバスケットは「サセックス・トラッグ」と呼ばれる伝統的な園芸用具。かごを持って旅をする若い女性のキャラクターなら、『骨董屋』のネルのイメージかもしれません。

スカートと共布に、黒いラインの飾りもそろえたひもつきのレティキュール。

『大いなる遺産』のミス・ハヴィシャムは、婚約者に裏切られたショックで、花嫁衣装を着たまま何十年もすごしているというキャラクター。どこか不穏さを感じさせるデザインのウェディング・ドレスと白塗りの化粧は、強烈なインパクトを放ちます。

よく近づいてみると、パールやレースの飾りのあいだからクモやネズミの人形が顔をのぞかせています。ミス・ハヴィシャムが過ごしてきた長い年月を表現しているのでしょうか。

『デイヴィッド・コパフィールド』のローザ・ダートルという、通好みな登場人物に扮した女性。手の込んだ黒い喪服、腰の鍵束には喪のジュエリーであるジェットをあしらっています。すばらしい完成度で、ディケンズ・キャラクター仮装コンテストに入賞しました。

大きくふくらませたスカートと大胆にあけた襟元が目を引くドレス。二重になった袖がクリノリン流行時代最高潮のイメージです。

1850年代から60年代にかけて、クリミア戦争に従軍したフランス兵の軍服の着こなしに着想を得た、このような短いボレロ型の上着が流行しました。かなり凝った仕上がりで、スカートの下は当時の長い下着まで再現しています。

KISS KISS
COSTA

さわやかな水色で全身をまとめた50年代のクリノリン・スタイル。男性はフロック・コートにトップ・ハットを身につけて杖を手にしています。

結び下げのネクタイや形の作りやすい蝶ネクタイが普及する以前に男性が首に巻いていたクラバット。

ボタン穴には懐中時計用の鎖。ヴィクトリア女王の夫君の名にちなんでアルバートとも呼びます。

Mrs Bumbles
Come Inside
TEA
COFFEE
MEALS
THE TASTE
KENTISH MEATS
AND PRESERVES

つまみあげたような形の二重のスカート（ポロネーズ）と、腰の後ろにボリュームを出したバッスルが1870年代風です。

『オリバー・ツイスト』に登場する、やさしく裕福なブラウンロウ氏に扮した男性。膝丈のフロック・コート、ステッキ、トップ・ハット、胸には花をさしたヴィクトリアン紳士の街歩きスタイルです。腰の後ろの切り込み（ベント）の位置にも注目。

前の裾が斜めにカットされた「モーニング・コート」姿の紳士。19世紀後半の昼間の紳士の服装としては、フロック・コート→モーニング→ラウンジ・スーツ（現在のふつうのスーツに近い三つ揃い）の順にカジュアルダウンしていきます。

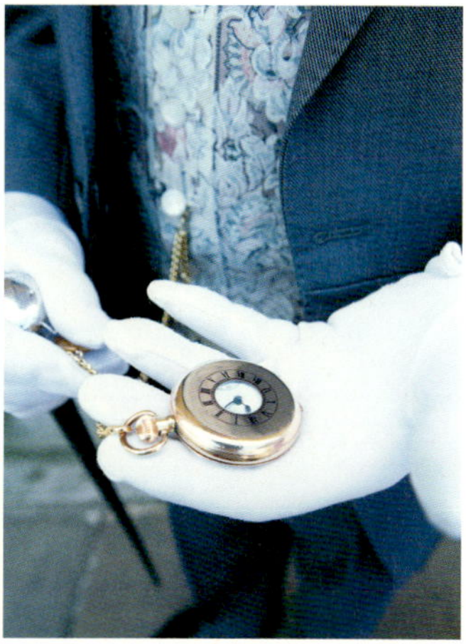

左：襟元のボタン穴にはフラワーホルダーで花を挿しています。
右：ベストのチェーンの先には懐中時計。

当時の手錠や警棒、襟の認識番号まで本格的に再現。左そで口の腕章は、勤務中のサインです。

警官の制服。ロンドン警視庁が発足した1829年から、1864年に新しい制服が登場するまで着用されていた初期型です。青い色と、金属製のボタンが特徴。トップ・ハットのてっぺんの部分や、襟の内側に革を貼って強化し、暴漢に対抗していました。

224

ヴィクトリア時代の消防士。独特の突起のある真鍮のヘルメットは、1866年にロンドンで導入されると、またたく間に消防士の象徴になりました。真鍮は重くて感電に弱く、さほど安全ではなかったそうで、20世紀には廃止されています。

火が燃え広がるのを防ぐため、建物を壊す手斧やスパナなどを腰のベルトにさげています。

ディケンズの作品とその時代

チャールズ・ディケンズは、1812年に英国南部の港町ポーツマスに生まれました。少年時代には父親が負債で刑務所に入れられてしまったり、工場に働きに行かされたりと、つらい体験を強いられたものの、20歳になるころにはジャーナリストとして頭角をあらわし、庶民の日常生活を取材した短文シリーズを発表するようになります。

1837年のヴィクトリア時代の幕開けと時を同じくするように、長編の物語小説を手掛けるようになった彼は、一躍人気作家への道を駆け上がります。『ピクウィック・クラブ』『オリバー・ツイスト』『骨董屋』『デイヴィッド・コパフィールド』『荒涼館』『大いなる遺産』……などなど、ヒット作を連発し、多彩で強烈なキャラクターとドラマチックなストーリーで大勢の読者の心をがっちりと掴みました。

後年は演劇や講演活動にも打ち込み、1870年に亡くなっています。

日本でもっともよく知られた代表作は『クリスマス・キャロル』でしょうか。強欲で情け知らずの男スクルージが、過去・現在・未来のクリスマスの精霊と出会い、やさしい心を取り戻すという不朽のファンタジーです。社会的な不正義に対する激しい怒りと、虐げられた下層の人々への共感を表現した作風が特徴で、優れた観察眼によるささやかな生活の描写も面白く、読めばヴィクトリア時代の英国、ロンドンの人々の暮らしぶりが手に取るようにわかります。作品は分冊や雑誌連載の形で、挿絵入りで発表されたので、同時代の、庶民から中流階級くらいまでの男女の服装のイメージも目で理解することができます。

英語の辞書には、「ディケンジアン」という単語が掲載されています。ディケンズっぽい、ディケンズの時代の、またはディケンズ信奉者の、という意味です。彼が作品に書いたような「貧しい」「苦境」という意味を載せている辞書もあります。これはつまり、人の名前が形容詞になってしまうほどの有名人であるということです。「ディケンズの時代」として連想されるのはおそらく、彼が特に精力的に執筆を行い、長編の代表作を次々に発表していた19世紀中盤にあたるでしょう。女性は大きく膨らませたスカートをはき、男性は山高帽にひげを伸ばしていました。「ディケンジアンな」ファッションといえば、そんなイメージです。

ヴィクトリア時代中期というと、大英帝国がもっとも繁栄を極めた時期に重なります。植民地との貿易や産業の発展によって、多くの人が豊かになっていきました。高利貸のスクルージや、匿名の相手から遺産がもらえることになって紳士を目指す『大いなる遺産』の主人公ピップのように、お金に振り回される人間の姿を、ディケンズはよく取り上げています。その一方で、輝かしい発展から取り残された人々もいたことを彼は見逃しませんでした。『オリバー・ツイスト』をはじめとした多くの作品で、救貧院や貧民学校、監獄、ロンドンのスラム、ゴミの山、犯罪者の生態などを克明に描いています。

つまり――ディケンズの世界には、ヴィクトリア時代の光と影がぎゅっと濃縮されているといえます。「ヴィクトリアン・ファッション」とは、紳士淑女の綺麗な服装だけではない、まじめで勤勉な男女の労働着だけでもない。人生の裏通りを見るような、もっと「リアルな」服装の人々もいたはずなのです。ロチェスターのフェスティバルに集まる愛好家、彼の世界を表現しようとする人たちは、そのことをよく知っています。自分流にアレンジした華やかなドレスの淑女やフロック・コートの紳士ももちろんいるけれど、なかにはもっと危険な香りのただよう、思わずお尻のポケットを押さえて用心したくなるような、怪しい扮装のグループも交じっているのですから。

ディケンズの作品と生涯

＊作品の年号は刊行年です。

1812 ポーツマスに生まれる
1817 ロチェスター付近の街に引越し
1824 靴墨工場に働きに出される
1832 報道記者になる
1836 『ボズのスケッチ』
1836-37 『ピクウィック・クラブ』
1836 キャサリン・ホガースと結婚
1837-39 『オリバー・ツイスト』
1838-39 『ニコラス・ニクルビー』
1840-41 『骨董屋』
1841 『バーナビー・ラッジ』
1843-44 『マーティン・チャズルウィット』
1843 『クリスマス・キャロル』
1846-48 『ドンビー父子』
1849-50 『デイヴィッド・コパフィールド』
1852-53 『荒涼館』
1854 『ハード・タイムズ』
1855-57 『リトル・ドリット』
1857 女優エレン・ターナンと出会う
1858 妻と別離
1859 『二都物語』
1860-61 『大いなる遺産』
1864-65 『我らが共通の友』
1860年代 自作の朗読活動を展開
1870 『エドウィン・ドルードの謎』
1870 ロチェスター郊外にて死去

チャールズ・ディケンズの代表的な作品

ピクウィック・クラブ
(1836 - 37)

はげ頭に眼鏡をかけた、お人よしの紳士サミュエル・ピクウィック氏が、仲間たちとともに見聞をひろめるため英国内を旅します。知恵があり熱血忠義な使用人サム・ウェラーや、婚約不履行でピクウィック氏を訴えるバーデル夫人など、個性豊かな人物が続々と登場。

『骨董屋』より、少女ネル。H・M・パジェット画。「ディケンズの挿絵と読み物」1893年。

オリバー・ツイスト
(1837 - 39)

孤児のオリバーは、葬儀屋に奉公に出されますが、つらい目にあいロンドンへと逃げ出します。悪党フェイギンの窃盗団に入れられ、裏社会に翻弄されますが、それでも正直さを失わない彼には、やさしい人たちの手もさしのべられます。何度も映像化された代表作。

骨董屋
(1840 - 41)

心やさしい14歳の少女ネルが、心身ともに弱った祖父を支え、悪辣な高利貸しの追及をのがれて旅をします。骨董屋を営んでいた祖父は、孫娘を裕福にしたいばかりに、賭博におぼれ全財産を失ったのです。ディケンズの感傷性がきわまり、読者の涙を絞った放浪物語。

クリスマス・キャロル
(1843)

冷酷な守銭奴のスクルージは、3人の「クリスマスの精霊」に出会い、自分の若かった過去、幸福な庶民たちの現在、自分の末路である未来のクリスマスのようすを見せられます。ヴィクトリア時代の英国にクリスマスを祝う習慣を復活させたといわれるファンタジー。

✧ デイヴィッド・コパフィールド ✧
(1849 - 50)

父を知らずに生まれたデイヴィッドは、母も失い、継父に虐待され、徒弟に出されるなど苦難の少年時代を送っていました。やがて伯母の保護を得て法律を学び、記者として身を立てていきます。濃密な人物描写、ほろ苦い友情と愛、笑いと悲哀がつまった自伝的作品。

✧ 荒涼館 ✧
(1852 - 53)

何世代も続く訴訟の当事者として、若いリチャードとエイダ、彼女の話し相手としてエスタが、荒涼館の主ジャーンディス氏に呼び寄せられます。金に翻弄される人々、冷血な弁護士、美しい貴婦人の謎、エスタの出生の秘密……あらゆる要素が絡み合うミステリー。

『荒涼館』より、デッドロック令夫人（右）とタルキングホーン弁護士（左）。H・K・ブラウン（フィズ）画、1853年。

『デイヴィッド・コパフィールド』より、パブのカウンターでエールを注文する少年デイヴィッド。H・K・ブラウン（フィズ）画、1849年。

✧ 二都物語 ✧
(1859)

放蕩の弁護士シドニー・カートンとフランス貴族のチャールズ・ダーニーは他人ながら不思議と瓜二つ。二人は、無実の罪でバスティーユに投獄されていた医師の美しい娘ルーシーを愛するのですが……。革命下のパリとロンドンを舞台にした劇的な歴史ロマンス。

✧ 大いなる遺産 ✧
(1860 - 61)

孤児のピップは、ある日脱走囚を助けます。そして近隣の館の貴婦人ミス・ハヴィシャムに呼ばれ、美しいその養女に恋をしてしまいます。謎の人物から巨額の遺産が贈られることになった彼は、紳士になるためロンドンに出ていきますが、あの囚人も姿を現し……。

フェスティバル・パレード

フェスティバルの3日間には1日に2度、パレードがおこなわれます。ヴィクトリアンな仮装をした参加者たちが、大通りをねり歩くのです。色とりどりのドレスやクラシックな衣装が街にあふれるようすは壮観で、まるで19世紀にタイムスリップしたかのようです。

巨大なディケンズ人形といっしょに、リサーチの成果や衣装づくりの腕を披露したい人も、お祭り気分で気軽に参加している人も、みんな仲良く楽しげに歩いています。ちなみに、上の写真で手を振っている男性は俳優で、ディケンズの子孫だそう。

INSTONE
Your new
home is here

Free House
149

HOLLAND & BARRETT
natural

Free House
MRS ROCHESTER 2011

rspoon Free House

A J. D. Wetherspoon Fr

Free House

KING'S HEAD
FOOD

No.150

Your new home is here

A J. D. Wetherspoon Free House

A J. D. Wetherspoon Free Hous
THE
GOLDEN LION
FOOD
Served all Day
FAMILY

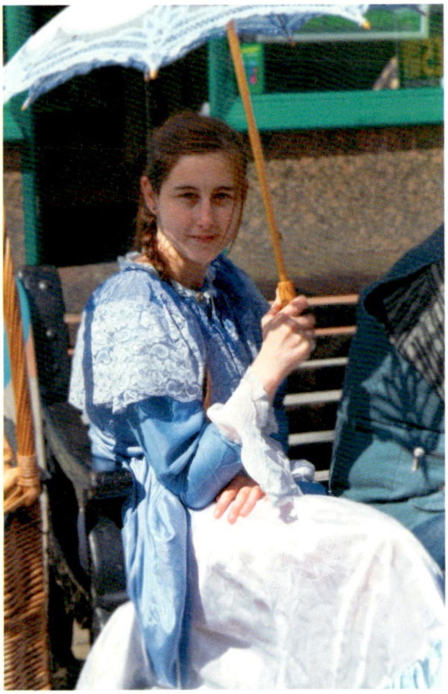

キャラクターや歴史上の衣装を正確に再現することよりも、古風で綺麗なドレスを着られる機会を楽しみに参加している女性は多いようです。パレードごとに「お色直し」して現れる人もいるとか。

正統派ヴィクトリアン衣装にまじって、丸いゴーグルに「見せる」コルセットなど、レトロSF風ファッションに身を包んだグループも見かけます。彼女たちは「スチームパンク」の愛好者。ヴィクトリア朝から想像した未来のスタイルで、現実の19世紀そのままの衣装ではありませんが、主催側も好意的に受け止め、年々参加者が増えているようです。

SupaGlazing

赤い上着はかつての英国陸軍のトレードマーク。

左下の軍楽隊は、19世紀初頭、ナポレオン戦争時代の軍服です。軍帽のプレートから推測すると、手前の青い服は王立砲兵隊、後ろの二人は軽歩兵隊でしょう。右上の軍服はもう少し新しく、おそらく19世紀後半のもの。軍帽も上着もだいぶ様変わりしています。

ヴィクトリアン・アンダーワールド

フェスティバルの広場や大通りには、紳士淑女だけでなく、わざと薄汚れた格好でぶらつく人たちもいます。ディケンズの小説には、スリや悪漢、路上暮らしの子どもや女性も登場します。彼らをとおしてそんな「ヴィクトリア時代の裏社会」をのぞき見ることもできるのです。

呼び売り商人に扮した女性がかかえていたカゴの中身。レースや裁縫用具が入っています。

路上の人々の生活道具。

「セブンダイヤルズ・ラプスカリオンズ」と名乗るエンターテイナー集団。地域の歴史博物館と協力しあいながらヴィクトリア時代の庶民の衣装を再現し、「名もなき路上の人びと」になりきって当時の社会を解説しています。ぼんやり見ていると、目の前で突然の殴り合いや、警官と泥棒の寸劇が始まるので、ぎょっとすることになるかもしれません。ちなみに、116ページの警官も彼らの仲間です。汚れや傷、殴られたようなリアルなあざのメイクまでほどこした人もいます。

下着姿の女性たちは、当時、庶民に人気を博した演芸場（ミュージック・ホール）の踊り子のイメージでしょうか。

ヴィクトリア時代の路上には、かごや手押し車を使って、花や果物、野菜や小物を売り歩く呼び売り商人（コスタマンガー）たちがいました。

ヴィクトリアン・ドレスとエチケット

社交とドレス

「ほんもののレディとにせものを見やぶるためには、ドレスのスタイルを観察するよりたやすい方法はありません」――と、ある貴婦人は、19世紀末に出版されたエチケット本で言い放ちました。繁栄を極めたヴィクトリア時代の英国では、余裕が出てきた人々が、貴族のように優雅で美しい生活を送りたいと願うようになりました。レディになるためには、まず形から。彼女たちはそれぞれの社交の場にふさわしいドレスコードを守らなくてはなりませんでした。

昼間に着るのはデイ・ドレス、夜に着るのはイヴニング・ドレスです。外出するか室内で過ごすか、歩くのか馬車で移動するのか、そして参加するイベントのフォーマル度によって、装飾は変わります。外出するときには帽子と手袋が必須。歩くためのドレスはちょっと地味に、馬車用のドレスは道ゆく人に見せるために華美に。晩餐会や舞踏会では、深い襟ぐり、短い袖のドレスにきらびやかなジュエリーをつけて、最高級に着飾るのです。

1887年1～2月、フランスのファッション雑誌「ラ・モード・イリュストレ」に掲載された舞踏会用ドレス。舞踏会には淡い色の軽い生地が好まれ、胸元や上腕を大胆に見せ、上半身はぴったりと、下半身はふんわりと、女らしい魅力を強調するよう仕立てます。舞踏会は未婚男女のお見合いの場でもあったからです。

家庭雑誌のファッション記事より、散歩用のウォーキング・ドレス。パラソルを持ち、スカートは短めです。1888年。

左の女性は「5時のお茶」でお客をもてなすためのゆったりしたティー・ガウン。右の女性は訪問用のドレスを着ています。1891年。

ディナー・ドレス

1876～78年ごろに作られた、シルクサテンのイヴニング・ドレス。上衣には鯨骨が入り、スカートは二重になっていて、下のスカートは何段もの段飾りがすべてレースでふちどられています。とてもファッショナブルで豪華。襟元はほどほどに開き、袖はひじまでの長さであることから、晩餐用のディナー・ドレスであることが推測されます。

ウェディング・ドレス

1889年に作られた花嫁のドレス。クリーム色のシルクのサテン、ベルベット、モスリン、レースがふんだんに使用されています。着用したのは、とても裕福なセイロンの紅茶貿易会社経営者の令嬢。結婚式は伝統的に午前中から昼までにおこなわれるものだったので、イヴニング・ドレスとはちがって胸元は大きくは開かず、袖も長くするのが一般的でした。

左上：「ウェディング・ティー」のようすを描いた少女雑誌の口絵。真ん中の白いドレスが花嫁、その右が花婿で、さらに右と一番左手前の、同じブルーのドレスでそろえた女性たちは、花嫁の付き添い（ブライズメイド）でしょう。この絵では、ウェディングケーキのカットは花嫁がひとりでおこなっているようです。1898年。
右上：ヴィクトリア女王の結婚式を描いた絵画をもとにした版画（部分）。アルバートは軍服、ヴィクトリアは胸元にふんだんにレースをあしらった白いウェディング・ドレスを着ています。

喜びと悲しみのドレス

ヴィクトリア女王が国民にはやらせたものは多々あります。なかでも特に大きな影響があったことのひとつは「ウェディング・ドレスは白」という慣習をつくったことでしょう。何しろ遠い日本まで伝わって、現在まで生き続けているくらいです。それ以前の王室の人々は、銀糸で織った重厚なドレスで式をあげました。ヴィクトリアは1840年にアルバート公と結婚式をしたとき、白いサテンのドレスとレースのベール、オレンジの花の髪飾りを着用し、その装いが階級を問わず国民に流行しました。シルクのドレス地は東ロンドンのスピタルフィールド製。レースはデヴォンシャーのホニトン製で、女王が国内産業を推進するために選んだといいます。

しかし、彼女が熱烈に愛した夫アルバートは、1861年に42歳の若さで亡くなってしまいます。それ以来、ヴィクトリア女王は生涯を黒い喪服姿で過ごしました。63年7か月の治世のうち、半分以上の40年間が喪服だったわけです。そんな女王の影響のもと、死者をいたむ衣装やカード、装身具などのアイテムや、お悔やみのマナーが発達していきました。19世紀末の手引書は、夫を亡くした女性は、少なくとも2年は喪服で過ごすようすすめています。

晩年のヴィクトリア女王の写真。机の奥にはアルバートの肖像が飾られています。黒いレースをあしらった喪服に、パールのネックレス。寡婦の装いである独特の白いキャップとベールをつけています。

ミュージアム紹介

ヴィクトリアンの衣装と暮らしに触れることのできる、
ひとあじ違うミュージアムをいくつかご紹介します。

オールドハウスミュージアム
Old House Museum

16世紀に建てられたコテージにヴィクトリアンのアイテムが

イングランド、ダービーシャー州。英国の郷土菓子ベイクウェル・プディングで有名なベイクウェルという小さな村の中に建つミュージアム。ヴィクトリア時代の衣装やレース、刺繍、織物、おもちゃなどが多数展示されています。

建物の一番古い部分は16世紀のもの。増改築を繰り返して大きくなり、産業革命下の18世紀には紡績工場の労働者向けコテージとして小さく区切られ、20世紀中ごろまで使われていました。さまざまな時代の人々の生活がわかるよう、チューダー時代のトイレやキッチン、ヴィクトリア時代の工場労働者の室内などが再現されています。

ミュージアムの周囲は今もなおヴィクトリア時代の村の雰囲気が感じられ、散策も楽しめます。

白いウェディングドレスは、木目のような模様のでる絹織物グログランシルクで1840年ごろ作られた2ピース。上衣は前部で切り替え線が尖る形で、ウエストの細さが強調されます。上衣は後身の中央で締めます。

水紋が表れる絹織物のモアレシルクの喪服。胴部にはジェットのビーズの飾り、ケープにはフリンジがついています。顎の下でひもを結んで留めた黒の喪中用ボンネットはワイヤーで作った造花、クレープ生地のリボンで飾られ、さらに黒のヴェールが付いています。

シャーリングや刺繍のある青いスモックは農夫が着る服です。リネン製で、乳搾りや日曜礼拝のときに着用、1860年代のものだそうです。

ミュージアム関係者の女性に実際に身につけていただいたガウン。袖口にはレースがあしらわれています。

＊今回の取材にあたり、ミュージアムに展示されているものの一部に加え、それ以外のヴィクトリアンの収蔵衣装も特別に見せていただけたので、あわせてご紹介します。

レースの襟が印象的なシルクタフタのデイドレス。細いストライプの布地でおそろいのパラソルもありました。

1870年ごろ作られた房飾りが付いた2ピースの青いデイドレス。スカートの後ろを膨らませるためのバッスルカバーにも房飾りが付いています。

青いボタンが可愛らしい、紫の小花柄のデイドレス。肩口が膨らませてあります。

濃い紫のデイドレスは1870年代に作られた暗色系のピンクと青の糸を使った玉虫織りのシルクのドレス。黒のベルベットで飾り付けられています。

ミュージアム内はいくつかの部屋にわかれています。暖炉の前に下着やナイトウェアが干されていたり、洗濯室があったり。また、ドレスにつけるボタンが展示されている部屋もあります。

ヴィクトリアンの趣の残る建物が多く残るベイクウェル村。名物お菓子のベイクウェル・プディングの元祖というこの店、1889年にレシピを考案したそうです。

1848年からの建物を使っている銀行。

アクセス情報

ロンドンのセント・パンクラス（St Pancras）駅からダービー（Derby）駅まで約1時間半。ダービー駅からバスで約1時間半。バスの運転手に「ベイクウェル・タウン・センター」で下車と伝え、下りたら徒歩約10分。バスは曜日にもよりますが、1～2時間に1本程度しかないので、博物館をゆっくり見るには1泊旅行がおすすめ。バスのルートには、ティーカップの柄で有名なハドンホールがあるので、途中下車してみるのも楽しい。

URL　http://www.oldhousemuseum.org.uk/

ヨーク・キャッスル・ミュージアム
York Castle Museum

ヴィクトリア時代の街並を屋内に再現

城塞都市ヨーク。もともとお城の跡地に建てられた刑務所だったところをミュージアムとして改造してあります。そのため、牢獄を疑似体験できる部屋もありますが、主に16世紀から20世紀までの人々の生活を、順を追って見ていくことができます。

その中でも最も興味が惹かれるのが、19世紀の街並を再現したフロアです。カークゲートと名付けられたヴィクトリア時代の大通りがあり立ち並んだ店には店員がいて、実際に買い物が出来るところもあります。また、実物大の馬車が止まっていたり、ヴィクトリア時代の子供服や女性のドレス、おもちゃやアクセサリー等の展示も数多く、充実しています。館内をひととおり見て回るには1時間以上かかります。

＊このページで紹介しているものには、館内に展示していない所蔵品もあります。

左：1848～1850年製作の、茶色のウール地に赤、緑、オレンジの格子模様が描かれているデイドレス。／右：ピンクの小枝模様をあしらった厚地の絹織物の白いデイドレス。袖および両肩からドレスの切り返しにかけての部分に房飾りが付いています。1835～1840年製作。

故人や愛する人の髪をデザインしたブローチ。

1839～1840年製作のウエディングドレス。ペールグリーンのサテン製で、フリルをあしらった袖、肩から胸元にかけてのプリーツが特徴です。

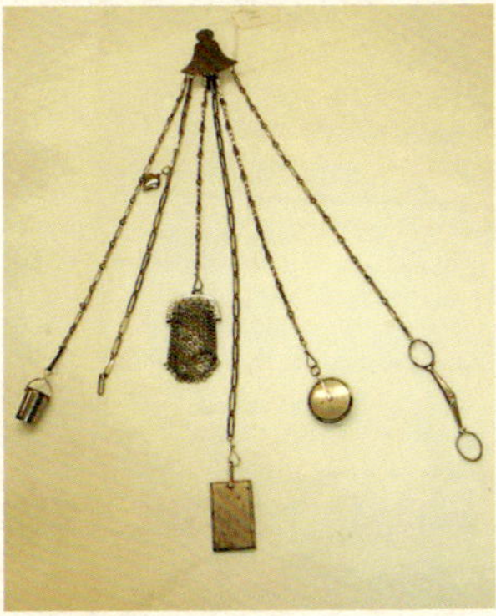

女主人や家政婦長が持ったとされる、鍵や小間物道具を繋いだチェーン。

1840～1850年製作の、シルクらしき布に絵が描かれた両開きの扇子。扇面には18世紀の衣装の人物が描かれており、要は金属と象牙でできています。

アクセス情報

ロンドンのキングス・クロス（King's cross）駅より約2時間、ヨーク（York）駅着。ヨーク駅より、徒歩約20分。市街地の散策をしながらの観光コースがおすすめですが、駅から直行したい場合は駅にタクシー乗り場があるのでそこから乗車。

URL　http://www.yorkcastlemuseum.org.uk/

下の2枚の写真以外 Image courtesy of York Museums Trust (except the two photos on the bottom row)

チャールズ・ディケンズ・ミュージアム
Charles Dickens Museum

ディケンズの初期作品が生まれた家を見学できる

ロンドンの中心部にあるディケンズ・ミュージアムは、住宅街の中にまぎれるようにして存在しています。ここは実際にディケンズが1837年から1839年まで暮らした家で、歴史的建造物に指定されています。

建物の中にはドローイングルーム、寝室やダイニングルーム、さらにはメイドたちが働いていたランドリールームやキッチンなども当時の状態に再現されているほか、ディケンズの原稿や手紙等も展示されています。年に何度かは当時のハウスメイドに扮したガイドによるツアーもあるようです（事前申し込みが必要）。

また、入場料を払わなくても利用できる庭つきの地下のカフェも、実は密かに人気のある場所です。

ディケンズはこの家で『オリバー・ツイスト』
『ニコラス・ニクルビー』を書きました。

2014年の訪問時には、英国人俳優のレイフ・ファインズ監督・主演映画「エレン・ターナン〜ディケンズに愛された女〜（原題『The Invisible Woman』）」で使用された衣装が展示されていました。このページで紹介しているものがそうです。この作品はディケンズの小説の映画化ではなく、ディケンズとその知られざる恋人とのラブストーリー。

アクセス情報

ロンドンの地下鉄ラッセル・スクウェア（Russell Square）駅、あるいはホルボーン（Holborn）駅より徒歩約10分。キングス・クロス、セント・パンクラス、ユーストン（Euston）の各駅からも大体15分程度で歩いて行けます。

URL　http://www.dickensmuseum.com/

Pictures printed with the permission of the costume designer, Michael O'Connor and the production company, Headline Pictures

アクセスデータ

本書で取材した、ヴィクトリアン・ファッションの人々を
見ることができる施設とイベントのアクセス情報です。
オープン期間、時間、入場料、交通手段などの詳細は
ウェブサイトで確認してください。

Blists Hill Victorian Town

ブリスツ・ヒル・ヴィクトリアン・タウン

➡P012

ロンドン・ユーストン（London Euston）駅からヴィクトリアン・タウン最寄りのテルフォード・セントラル（Telford Central）駅まで2時間30分弱。ヴィクトリアン・タウンまでは駅から8キロ離れているため、タクシーが便利（駅にタクシー乗り場あり）。

[URL] http://www.ironbridge.org.uk/our-attractions/blists-hill-victorian-town/

Beamish

ビーミッシュ

➡P044

ロンドン・キングズ・クロス（King's Cross）駅からビーミッシュ最寄りのニューカッスル・アポン・タイン（Newcastle upon Tyne）駅まで2時間30分弱。ビーミッシュまでは駅から5キロほど離れているため、タクシーが便利（駅にタクシー乗り場あり）。駅からのバス便もありますが、所要時間約1時間。

[URL] http://www.beamish.org.uk/

最寄り駅のタクシー乗り場、ATM、売店の有無などはナショナルレイルのウェブサイトで確認できます。「search」で利用駅の名前を入れると詳細がわかります。各地への最新アクセス情報は変更もあるので旅のヒントとあわせて、ご確認ください。

[URL] http://www.nationalrail.co.uk/

Shugborough

シャグバラ

➡P060

ロンドン・ユーストン駅からシャグバラ最寄りのスタッフォード（Stafford）駅まで1時間15～45分。駅から7～8キロほど離れているため、タクシーが便利（駅にタクシー乗り場あり）。

[URL] http://www.shugborough.org.uk/

Rochester Dickens Festival

ロチェスター・ディケンズ・フェスティバル

➡P084

ロンドン・ヴィクトリア（London Victoria）駅からロチェスター（Rochester）駅まで約45分。駅から徒歩5分ほどで、メインストリートに出ます。パレードはそこで行われます。メインストリートの入り口からさらに5分ほど歩くと、コンテストなどのイベントが行われるロチェスター城に到着。また、ディケンズ・フェスティバルは年に2回開催。

[URL] http://www.rochesterdickensfestival.org.uk/

● そのほかのおすすめヴィクトリアン・ファッションが見られるスポット

ヴィクトリア&アルバート博物館
[URL] http://www.vam.ac.uk/

バース・ファッション・ミュージアム
[URL] http://www.fashionmuseum.co.uk/

ウォリック城
[URL] https://www.warwick-castle.com/

*それぞれ、ヴィクトリアン・ファッション以外の見どころもたくさんあります。

旅のヒント

ブリットレイルパス

英国内で電車を利用するのにおすすめします。海外旅行者がお得に鉄道旅行をするためのものなので、日本にいる間に旅行代理店などから購入できます。もちろん、あちこちに移動せず、日程がはっきり決めてあり旅行中1往復のみの鉄道利用などの場合は、パスを使わずに事前予約や往復チケットによる割引を利用するほうがリーズナブルな場合もありますが、以下のようなメリットがあります。

- 利用日数の範囲内ならその期間は乗り放題で、長距離を乗れば乗るほどお得感があります。
- 数日間で往復ではなく周遊タイプの旅行をする人、1日に何度か違う駅で乗り降りしながら旅を楽しみたい人には、いちいち乗車駅や乗車時間を気にしないで済みます。
- 事前に利用日時を決めてネット予約をしてチケットを購入するのが苦手な人、当日行列に並んでチケット購入（英国、特にロンドンなど大都市ではチケット売り場の行列でかなり待たされる）するのが面倒な人は、ブリットレイルパスがあれば、それを持って列車に乗り込むだけです。早めに車内に乗り込み空席を見つければOK。

オイスターカード

ロンドン及びロンドン近郊の地下鉄やバス、オーバーグラウンドと呼ばれる地上路線で使います。現在切符よりこちらが主流です。日本のSuicaやPASMOと同じように、カードにお金をチャージして使います。最寄りの地下鉄駅の窓口でカードを購入（購入時にデポジット料金が別途必要です）し、希望額をチャージします。また、帰国時に残金がある場合は所定の手続きをすれば駅窓口で払い戻しが可能で、カードのデポジット分も戻ります。

＊地方へ行く際のナショナルレイルには使用できないのでご注意ください。

便利なサイト

トレインライン（Trainline）とトラベライン（Traveline）は、出発地と到着地を入力すると英国内の移動手段、所要時間、時刻表がわかる便利なサイトです。トレインラインではそこからネット申し込みで鉄道チケット購入もできます。また、グーグルマップ（Google Map）でも目的地を検索すると、現在地からの経路を調べることができます。

トレインライン
http://www.thetrainline.com/

トラベライン
http://www.traveline.info/

グーグルマップ
http://maps.google.com

おわりに

何年かまえに、ロンドンのヴィクトリア＆アルバート博物館を訪ねたとき、服の上からコルセットを試着できるコーナーがあったので、知人といっしょに試してみたことがあります。時代もの映画に出てくるレディの侍女になりきって、調子に乗ってぎゅうぎゅうひもを締めていたら、締められている方が気分を悪くしてしまいました。あれはほんとうに申し訳ないことでした。映画やドラマと現実をつい混同してしまったようです。

わたしはここのところ、ヴィクトリア時代の英国のメイドや、執事や、貴族の女性たちの生活について、調べたり書いたりしてきました。19世紀の英国は出版文化が花開いた時代で、ファッションについてのヴィジュアル資料は、女性雑誌のイラストや、肖像画、写真など、とてもたくさん残っています。とはいえ、写真や挿絵は多くがモノクロですし、それにイラストは──現代のファッション誌を見れば察しがつくことでしょうが──あの時代の理想を描いた、かなり現実ばなれした体型にみえます。現代に生きる、映画俳優でもモデルでもないふつうの人たちが、実際に布と糸で当時の衣装をつくり、着てみると、どうなるのでしょう。「どんな感じか」「どう感じるか」。すべてを完璧に再現することは無理だとしても、近い体験をしてみることで、それを見ることで、わかることはたくさんあるようです。本書で紹介しているような場所を訪ねて、再現衣装を着たガイドさんや展示資料を見ると、色のついた現物の力は強いなとつくづく感じます。

百年前のレディがどんな手間ひまをかけて、着飾るという「お仕事」を大切にしていたのか。彼女たちが勝負をかけた華やかなドレスと、庶民の労働着にはどれほどの落差があったのか。石井理恵子さんと取材協力者のみなさんが、あちこちで苦労を重ねて集めてきた、ヴィクトリアンな衣装の世界を感じていただけたならとても嬉しく思います。

2015年9月　村上リコ

主要参考文献

『図説 英国レディの世界』
岩田託子　川端有子著／河出書房新社

『ウエディングドレスはなぜ白いのか』
坂井妙子著／勁草書房

『図説 イギリス手づくりの生活誌 伝統ある道具と暮らし』
ジョン・セイモア著　小泉和子監訳　生活史研究所訳／東洋書林

『世界服飾史』
深井晃子監修／美術出版社

『図解 貴婦人のドレスデザイン1730～1930年』
ナンシー・ブラッドフィールド著　株式会社ダイナワード訳／マール社

『ファッションの歴史』
ブランシュ・ペイン著　古賀敬子訳／八坂書房

『ディケンズ小事典』
松村昌家編／研究社出版

『ヴィクトリア時代 ロンドン路地裏の生活誌（上）（下）』
ヘンリー・メイヒュー著　ジョン・キャニング編　植松靖夫訳／原書房

『Etiquette of Good Society』
Campbell, Lady Colin ／ Cassell and Company Ltd

『English Women's Clothing in the Nineteenth Century』
Cunnington, C. Willett ／ Dover Publications

『Occupational Costume in England from the 11th Century to 1914』
Cunnington, Phillis and Lucas, Catherine ／ Adam & Charles Black

『The Thin Red Line: Uniforms of the British Army Between 1751 and 1914』
Fosten, D. S. V. and Fosten, B. K. ／ Windrow & Greene

『Country House Life: Family and Servants, 1815-1914』
Gerard, Jessica ／ Blackwell

『Victorian and Edwardian Fashion: A Photographic Survey』
Gernsheim, Alison ／ Dover Publications

『Daily Life in Victorian England』
Mitchell, Sally ／ Greenwood Press

『Full-Colour Victorian Fashions:1870-1893』
Olian, JoAnne ／ Dover Publications

『Victorian and Edwardian Fashions from "La Mode Illustrée"』
Olian, JoAnne ／ Dover Publications

『A Servants' Place』
Sambrook, Pamela ／ Shugborough Estate

『Family Photographs and How to Date Them』
Shrimpton, Jayne ／ Countryside Books

『Victorian London Street Life in Historic Photographs』
Thomson, John ／ Dover Publications

『Blists Hill Victorian Town Souvenir Guidebook』
Ironbridge Gorge Museum Trust Limited ／ Jigsaw Design & Publishing

『Beamish The Living Of The North/The Experience Of A Lifetime』
Beamish Museum Limited ／ Ajanta Book Publishing

『The Compelet Working Shugborough Historic Estate Souvenir Estate Guide』
Corinne Daniela Caddy ／ Staffordshire County Council

制服・衣装ブックス

ヴィクトリア時代の衣装と暮らし

2015年9月22日　初版発行

執筆
石井理恵子
村上リコ（p6-9, p40-43, p63-72〈写真解説キャプション〉, p74-81, p86-147）

撮影
トム宮川コールトン（p10, p12-58）
横山明美（p60-73, p84-119, p124-143）
ユウコ・ペリー（p149-150）

石井理恵子（p87右上, p148, p149左下, p151-152, p153右下, p154-155）
村上リコ（p23左下, p29の右中, p34右中・右下, p41左下, p42右上,
p43右上・左下, p49左中, p74-75, p77中, p153左下）

編集
新紀元社編集部

デザイン
倉林愛子

銅版画・イラスト
松本里美

資料調査協力
熊谷めぐみ

Special Thanks
Ian Campbell (ATP)／Nicky Crewe／Jane Staff (Fieldstaff Antiques)
John at the Rochester Dickens Festival Supporters website
Dawn & John Howard／Manchester Art Gallery

発行者
宮田一登志

発行所
株式会社新紀元社
〒101-0054 東京都千代田区神田錦町1-7 錦町一丁目ビル2F
TEL 03-3219-0921／FAX 03-3219-0922
http://www.shinkigensha.co.jp/
郵便振替 00110-4-27618

製版
株式会社明昌堂

印刷・製本
株式会社リーブルテック

ISBN978-4-7753-1344-2